Karen Hutter

Ich wünsche Dir

Kleine Inseln der
Freude

kiefel

 Entdecke die Quelle, die deinem Leben Freude schenkt, und du wirst reicher sein als wenn du Ölquellen besitzen würdest.

Zeitungen, Fernsehen, Radio ersetzen dir nicht die Freuden, die du mit allen deinen Sinnen täglich wahrnehmen kannst.
Darum: Werde sinnlicher.

Ein guter Grund, sich des Lebens zu freuen, liegt in der Achtung der eigenen Endlichkeit.
Nur der Augenblick gehört dir.
Lebe ihn.

Wenn so ein Maientag ein überzeugender Grund zur Freude ist, wie der Philosoph Kant herausgefunden hat, dann richte dir Maientage ein, wann immer du sie brauchst.

 Zwischen Aufwachen und Einschlafen findest du täglich zahlreiche Gründe, »Ja« zu deinem Leben zu sagen. Dann wird dir eine Tasse Tee oder Kaffee oder ein nettes Lächeln zu einer kleinen Insel der Freude.

 Warum nur fällt es dir so leicht, Ursachen zu finden, die dir das Leben schwer machen? Gibt es nicht viel mehr Gründe, dich des Lebens zu freuen? Dann verhilf der Mehrheit zum Recht.

 Mache immer wieder kurze Pausen, und dauern sie auch nur einen kleinen privaten Augenblick. Durch ein Übermaß an Anstrengung erkämpfst du dir freie Zeit, die du dann zur Erholung von dieser Anstrengung benötigst.

 Fenster sind wichtig. Sieh ab und zu von der Arbeit auf und erkenne, dass auch draußen Wichtiges passiert: Bäume blühen, Wolken ziehen, das Licht zaubert, Kinder lachen ... Auch deine Augen sind Fenster.

 Heute wird das Wetter schön. Und wenn du schon keinen Urlaub hast, dann nutze doch deine Mittagspause, setze dich in die Sonne und iss einen Apfel.

 Halte Ausschau nach Entdeckungen und du wirst die Schönheit des Lebens ganz neu sehen: das Licht in den Straßen, die Farben und Formen der Früchte beim Händler, den Musiker an der Ecke, die Dinge im Schaufenster, den Geschmack der Schokolade.

 Du brauchst nur ein klein wenig Zeit und Aufmerksamkeit, um genießen zu können. Aber welche Freuden werden dir dafür geschenkt! Welche Welten tun sich dir da auf! Selbst ein Glas Wasser kann ein Genuss sein. Probiere es aus.

Welch eine Freude ist die Zärtlichkeit. Wenn du sie verschenkst, macht sie dich reich. Jede liebevolle Geste erneuert den Bund eurer Nähe und eures Wohlfühlens miteinander.

 Vergiss das Lachen nicht. Mit anderen zusammen ist Lachen am schönsten. Doch bist du allein, lache auch über dich selber, über das Missgeschick oder die schöne Erinnerung. Was dich nicht beschwert, macht dich leicht.

 Etwas liegen lassen können befreit von Druck. Alle wollen immer alles sofort, und zwar von dir. Doch du weißt Wichtiges von Unwichtigem durch eine Tasse Tee zu trennen.

Ist es Unkraut?

Ist es eine Blume?

Dein Blickwinkel ist

entscheidend für deine Freude.

 Einmal nichts wollen. Lasse dich überraschen von dem, was kommt. Gelassen in den Tag zu schauen ist eine Wohltat für die Seele.

 Unterbrich das Alltägliche mit kleinen Feiern: Das Ende einer schwierigen Aufgabe, weil der Chef verreist ist, weil die Sonne scheint, weil du dem Leben danken willst ... Gründe gibt es immer.

 Liebe ohne Verlangen. Liebe aus Freude am Sein. Dann wird dein Herz lachen und deine Seele wird tanzen.

 Gib deiner Sehnsucht Worte. Formuliere deinen größten Wunsch. Male dir aus, wie es sein wird, wenn er wahr wird. Und dann fange an, ihn zu verwirklichen.

Die Deutsche Bibliothek — CIP-Einheitsaufnahme

Hutter, Karen:
Ich wünsche Dir Kleine Inseln der Freude / Karen Hutter. – Gütersloh: Kiefel, 2002
ISBN 3-579-05857-6

ISBN 3-579-05857-6
© Kiefel/Gütersloher Verlagshaus GmbH, Gütersloh 2002
Abbildungen: © Bildarchiv CDC, Freiburg im Breisgau

Konzeption und Realisation:
© Carpe Diem Concept GmbH, Freiburg im Breisgau 2002
Produktion: art und weise – Carsten Schorn, Merzhausen

Das Werk einschließlich aller seiner Teile ist urheberrechtlich geschützt.
Jede Verwertung außerhalb der engen Grenzen des Urheberrechtsgesetzes
ist ohne Zustimmung des Verlages unzulässig und strafbar. Das gilt insbesondere
für Vervielfältigungen, Übersetzungen, Mikroverfilmungen und die Einspeicherung
und Verarbeitung in elektronischen Systemen.

Druck und Verarbeitung: Konkordia GmbH, Bühl
Printed in Germany

www.kiefelverlag.de